La Mort jaune

par Gérard Alamargot
et Hans-Georg Bläsi

Ernst Klett Schulbuchverlag
Stuttgart Düsseldorf Berlin Leipzig

Gedruckt auf Recyclingpapier,
hergestellt aus 100 % Altpapier.

1. Auflage 1 10 | 2004

Dieses Werk folgt im Deutschen der reformierten Rechtschreibung und Zeichensetzung.
Alle Drucke dieser Auflage können im Unterricht nebeneinander benutzt werden, sie sind untereinander unverändert. Die letzte Zahl bezeichnet das Jahr dieses Druckes.

Zeichnungen zu Umschlag und Text: Christa Janik, Leinfelden-Echterdingen.
Foto S. 8: SNCF, Paris.
Karte S. 32: Eugen Münzing, Renningen.
Satz: Setzerei Lihs, Ludwigsburg.
Druck: Druckhaus Vogel GmbH, 70771 L.-Echterdingen.
Printed in Germany.
ISBN 3-12-591750-6

Table des matières

1 Un rêve

– Garçon, l'addition s'il vous plaît!

Jean-Pierre Dupin finit de boire son apéritif puis cherche son portemonnaie dans la poche de son pantalon. Rien. Rien dans les autres poches et rien sur la table. Le garçon commence à le regarder d'un mauvais œil.

– Jean-Pierre, lève-toi! dit une voix autoritaire.

– Comment peut-il connaître mon nom? se demande Jean-Pierre, surpris. Maintenant, c'est sûr, je vais avoir des problèmes avec la police.

A ce moment-là, un agent de police s'approche de la table, un revolver à la main. Il prend le jeune homme par son anorak, le secoue et lui demande d'une voix très gentille:

– Mais où est-ce que tu as encore mis l'argent?

C'est bien la première fois de sa vie que Jean-Pierre rencontre un policier aussi sympathique. Mais pourquoi est-ce qu'il continue à le secouer comme cela?

– Jean-Pierre, mais réveille-toi, j'ai besoin d'argent pour aller chercher des croissants et je ne trouve pas mon sac.

A ce moment-là quelqu'un embrasse Jean-Pierre Dupin. Il ouvre un œil, puis le deuxième et c'est alors que toute l'histoire commence. Devant lui se trouve non pas un policier mais une jeune femme qui lui sourit: son amie Hélène. Tout cela n'était donc qu'un rêve.

– Je sais bien que nous sommes dimanche mais ce n'est pas une raison pour se lever si tard. Si je ne vais pas tout de suite à la boulangerie, il n'y aura plus de croissants et j'ai encore perdu mon sac.

– Ça, c'est un argument, mais approche-toi d'abord et puis je te dirai où j'ai mis ton portemonnaie et ton sac.

Quand la jeune fille se trouve près de lui, Jean-Pierre l'embrasse, puis il prend le sac sous le lit. Eh oui, il aime bien cacher les affaires d'Hélène, qui pense toujours qu'elle les a oubliées quelque part. Cela le fait toujours rire.

– Tu trouves ça drôle, hein? dit la jeune fille, qui prend vite un pull et qui sort.

– N'oublie pas le journal, lui crie Jean-Pierre, qui se lève alors pour prendre une douche.

Questions

1. Résumez le rêve de Jean-Pierre.
2. Relevez les informations du texte concernant Jean-Pierre et Hélène.

2 N'oubliez pas le chien!

Profitons de ces quelques minutes pour vous présenter les deux personnes que vous venez de rencontrer.

Jean-Pierre Dupin travaille comme journaliste à *La Voix de Lyon*, un grand journal de la région. Il doit beaucoup voyager pour faire des reportages dans toute la France, mais il revient toujours à Lyon le week-end. Lyon, c'est la ville où il est né et où il a passé toute sa jeunesse. Autrefois il habitait chez ses parents, mais après avoir rencontré Hélène, il y a bientôt trois ans, Jean-Pierre s'est acheté ce petit appartement à Saint-Fons, une petite ville de la banlieue lyonnaise, en direction de Vienne. Comme son amie Hélène Lefèvre, il a vingt-trois ans.

La jeune fille, elle, vient d'ouvrir une galerie au centre de Lyon. Elle vend des tableaux et, comme elle est aussi photographe, elle travaille quelquefois au même journal que Jean-Pierre. C'est d'ailleurs là qu'ils se sont connus. Que dire

encore? Ah oui, nous allions presque oublier la «personne» la plus importante de notre histoire: Idéfix, un petit fox-terrier au moins aussi intelligent que le chien d'Obélix. En ce moment, il est encore en train de dormir sous la table de la cuisine parce qu'il attend calmement l'heure de son petit déjeuner.

Questions

1. Complétez la grille avec les informations du texte:

Personne	Hélène	Jean-Pierre
nom de famille		
métier/travail		
lieu de travail		
domicile		

2. Expliquez où se trouve Lyon en France. Dans quelle région est-ce que cette ville est située? Combien d'habitants est-ce qu'il y a à Lyon? (Informez-vous à la bibliothèque de votre ville.) Maintenant, regardez la carte de votre livre et notez ce que l'on cultive et ce que l'on fabrique dans la région lyonnaise.

3 Un beau dimanche matin

Trois quarts d'heure après, le journaliste et son amie sont en train de finir de prendre leur petit déjeuner dans la cuisine.

– Pourquoi est-ce que tu n'as pas pris plus de croissants, chérie? dit Jean-Pierre derrière son journal.

– Quelle question idiote! C'est toi qui te lèves toujours trop tard le dimanche. A neuf heures, on trouve encore tous les croissants qu'on veut mais pas à onze heures. Et puis pense à ta ligne. Tu pourrais me donner les pages culturelles, s'il te plaît?

Après avoir lu quelques articles, Hélène découvre quelque chose de très intéressant:

– Tiens, il y a une exposition de Cézanne à Marseille. J'ai une envie folle d'y aller. On y va samedi prochain?

– A Marseille, répond Jean-Pierre, toujours caché derrière son journal. Pourquoi pas tout de suite? Si nous prenons le train de quatorze heures à la gare de Lyon-Perrache, nous arriverons un peu après quinze heures à Marseille.

– Comment! Une heure pour trois cents kilomètres! Ça ne va pas, la tête? C'est impossible!

– Oui, bien sûr, tu as raison, c'est une blague, mais je viens de lire un article intéressant sur le TGV ... Tiens, écoute:

LYON – MARSEILLE EN UNE HEURE!

La direction de la SNCF nous communique que dans moins d'un an, le TGV roulera entre Lyon et Marseille à la vitesse de 300 km/h. Il ne lui faudra plus que deux heures pour faire le trajet Paris – Lyon et un peu plus d'une heure pour Lyon – Marseille. La construction de la nouvelle gare TGV de La Part-Dieu sera finie cette année mais les TGV en direction de Lyon-Centre-Ville pourront continuer leur route jusqu'à la gare de Lyon-Perrache.
Les voyageurs …

Tout à coup, Idéfix commence à aboyer devant la porte. Il connaît le programme de tous les dimanches: après le petit déjeuner, un petit footing avec son maître en forêt. Malheureusement, son maître n'est jamais très pressé, alors, tous les dimanches, il doit le faire sortir de table.

– Hélène, excuse-moi, on reparlera tout à l'heure de ton exposition. Comme tu vois, Idéfix m'attend. Bon, je file. Salut.

– Oui, salut … mais ne rentre pas trop tard si on veut aller manger au restaurant. A une heure, les meilleures tables sont toutes prises …

Questions

1. Racontez comment Jean-Pierre et Hélène passent certainement leurs dimanches matin.
2. Cherchez des informations sur Cézanne et sur le TGV et faites un petit texte sur ce que vous avez appris.

4 Idéfix l'explorateur

Après avoir fermé la porte, Jean-Pierre, comme toujours, prend un départ super-rapide. Idéfix ne peut presque pas le suivre. Mais pourquoi court-il aussi vite? Peut-être à cause des voisins ou des voisines qui l'observent derrière leurs rideaux?

Heureusement, la forêt n'est pas très loin et quand Jean-Pierre y arrive enfin, il veut faire une petite pause. Mais maintenant, Idéfix n'est plus d'accord. Il est en pleine forme et, comme pour se moquer de son maître, il passe devant lui à toute vitesse. Maintenant, c'est Jean-Pierre qui a de grosses difficultés à le suivre, mais comme il ne veut pas laisser son chien seul dans la forêt, il doit bien continuer.

Quand Idéfix arrive à la ruine de l'abbaye, il se retourne quand-même pour voir si Jean-Pierre est toujours derrière lui. Eh bien non, il est à cinq cents mètres de là, assis sur un banc, la tête rouge. Idéfix n'aime pas attendre et comme il est très curieux, il en profite pour «visiter» la région.

Il y a plein de choses à découvrir: des vieux murs avec des trous intéressants, un chat dans un arbre, qui ne veut pas descendre, un petit morceau de baguette et puis un «copain» qui aboie derrière le grillage d'une usine. Idéfix, qui est encore très jeune, voudrait bien jouer avec un autre chien, alors il se demande comment il pourrait lui rendre visite.

Bien sûr, le grillage est trop haut pour lui, mais comme Idéfix est très intelligent, il se fait un trou pour passer dessous. Que c'est beau d'être libre! L'autre chien est un berger allemand trois fois plus gros qu'Idéfix mais il est bien content d'avoir de la visite. Ils se mettent tous les deux à courir comme des fous quand, tout à coup, Idéfix entend Jean-Pierre qui l'appelle. Toutes les bonnes choses ont une fin. Le petit chien a très chaud et, avant de repasser le grillage, il s'arrête à une flaque d'eau pour boire un petit coup. Ce n'est pas aussi bon qu'à la maison, mais ça fait du bien.

– Allez, viens, dit Jean-Pierre, qui n'aime pas voir son chien s'échapper. On rentre à la maison et tu restes avec moi maintenant.

Questions

1. Est-ce que Jean-Pierre est un grand sportif? Expliquez.
2. Caractérisez Idéfix.

5 Une affreuse découverte

Deux heures et demie. Jean-Pierre et son amie sortent un peu fatigués de l'Auberge du Moulin et montent dans leur 205.

– Mon steak était un peu dur mais le vin, comme toujours: super. Et toi, ça t'a plu?

– Oui, répond Hélène, j'ai très bien mangé mais quand le garçon est arrivé avec le plateau de fromage, je n'avais plus faim.

Comme Jean-Pierre a bu quelques verres de vin, c'est Hélène qui conduit. Peu de temps après, la voiture s'arrête sur le parking devant leur appartement. Jean-Pierre appelle l'ascenseur, puis ils montent au troisième étage.

Quand ils ouvrent la porte, ils ont l'impression que quelque chose ne va pas. Mais quoi? Tout est calme. Trop calme même! Mais oui, c'est ça: Idéfix n'est pas venu leur dire bonjour. Normalement, il commence à aboyer quand il entend ses maîtres sortir de l'ascenseur.

– Idéfix, où es-tu? Tu as encore fait des bêtises et tu te caches!

– Idéfix! répète Jean-Pierre, qui commence à chercher son chien dans la cuisine.

Tout à coup, Hélène se met à crier:

– Jean-Pierre, viens vite. Idéfix est là, devant le lit. Il ne bouge plus.

Jean-Pierre examine le chien. Il a l'air de dormir mais ses yeux sont ouverts. Il le secoue légèrement, comme pour le réveiller. En vain.

– Mon Dieu, c'est pas possible, ... chéri ... il faut faire quelque chose ...

– Non, ma pauvre chérie, on ne peut plus rien faire pour lui ... Idéfix est mort ... Mon pauvre toutou ... Qu'est-ce qui a bien pu t'arriver?

Hélène s'est tournée vers la fenêtre pour pleurer. Jean-Pierre prend son amie dans ses bras ... De longues minutes passent sans que les deux jeunes gens ne disent un mot ...

– Il était peut-être malade et nous ne l'avons pas vu, dit Hélène entre deux sanglots.

– Je ne pense pas. C'était un jeune chien en pleine forme. Ce matin, il courait encore comme un fou. Non, il a dû manger quelque chose d'empoisonné.

– Mais oui, Jean-Pierre, c'est ça! Tu te souviens de ce que nous a dit notre voisin du deuxième étage la semaine dernière? «Si votre chien continue à aboyer comme ça le matin, je vais le tuer ...»

– Non, chérie, ce n'est pas tout à fait exact, il n'a pas dit «je vais le tuer» mais «vous allez avoir des problèmes». En plus, il n'a rien pu donner à Idéfix aujourd'hui. Le meilleur moyen est de faire examiner le chien. Cherchons dans le journal quel vétérinaire est de service aujourd'hui. Nous saurons alors ce qui est arrivé.

Questions

1. Jean-Pierre et Hélène n'ont emmené Idéfix qu'une seule fois au restaurant. Depuis, ils le laissent à la maison. Imaginez pourquoi.
2. Comment Jean-Pierre et Hélène cherchent-ils à expliquer la mort de leur chien dans ce chapitre?

6 Le résultat de l'analyse

Jean-Pierre et Hélène passent un dimanche après-midi bien triste. Ils n'arrêtent pas de se demander ce qui a bien pu arriver à leur chien.

– Il a dû manger quelque chose de mauvais, dit Jean-Pierre.

– Mais la viande hachée que je lui ai donnée après votre footing était fraîche et il l'a mangée avec beaucoup d'appétit.

Jean-Pierre ne répond pas. Lui non plus ne comprend pas.

– A quelle heure est-ce que le vétérinaire devait te rappeler? lui demande Hélène.

– Il m'avait dit pas avant quatre heures.

– Et il est déjà cinq heures et demie. Il a sûrement oublié.

Juste à ce moment, le téléphone sonne.

– Allô, Monsieur Dupin. Docteur Lemaire à l'appareil. Je m'excuse de téléphoner si tard mais l'analyse a été difficile. Votre fox-terrier a mangé une petite dose d'un poison extrêmement fort. Sa mort a été très rapide.

– Mais ce n'est pas possible! crie Jean-Pierre.

– Si, malheureusement. Le résultat de notre analyse est clair. Je l'ai même refaite plusieurs fois pour être tout à fait sûr. Le produit chimique en question est non seulement rare mais il est aussi interdit en France. On ne le trouve que dans quelques pays qui fabriquent encore des armes chimiques. Le poison tue d'un seul coup au bout de trois heures.

Après cette nouvelle, Jean-Pierre et Hélène sont complètement déprimés.

– Mon Dieu, où est-ce qu'Idéfix a pu trouver une chose aussi dangereuse? se demande Jean-Pierre. Peut-être dans la forêt ce matin? Mais il est resté tout le temps avec moi.

– Tu m'as raconté qu'il avait joué avec un autre chien, un berger allemand, je crois.

– Oui, c'était sur le terrain d'une usine. Idéfix avait trouvé un trou dans le grillage et il était passé de l'autre côté. Mais il n'a rien mangé ... attends ... si! Je l'ai vu boire dans une flaque d'eau. J'ai pensé que c'était de l'eau de pluie ...

– Tu connais le nom de l'usine?

– Arrête ... je ne suis pas certain mais je crois que c'est Agrichimex. Ils fabriquent des produits chimiques pour l'agriculture.

Questions

1. Quel est le résultat de l'analyse du vétérinaire?
2. Vous êtes Jean-Pierre! Qu'est-ce que vous faites maintenant?

7 Dans l'usine Agrichimex

Une porte de métal ferme l'entrée de l'usine Agrichimex. Un homme derrière une fenêtre fait signe à Jean-Pierre de s'arrêter, puis il sort du bâtiment. Il porte un uniforme.

– Vous avez un rendez-vous?

– Non, mais je suis journaliste à *La Voix de Lyon* et je fais un reportage sur l'industrie de la région Rhône-Alpes. Je voudrais interviewer votre patron. C'est possible?

L'homme en uniforme lui demande d'attendre un instant, puis il rentre dans son bureau pour téléphoner.

– Le patron peut vous recevoir dans dix minutes. Vous pouvez y aller.

Le jeune journaliste est très surpris d'être reçu tout de suite. Normalement, on le fait attendre plus que ça.

La porte s'ouvre automatiquement. Jean-Pierre gare sa voiture sur le parking du bâtiment administratif, entre une Mercedes et une Jaguar. Sa 205 lui paraît alors bien petite.

L'architecture du bâtiment est ultra-moderne: verre et béton. Le grand hall est plein d'arbres et de fleurs. Jean-Pierre a l'impression de se trouver en Amazonie.

Une secrétaire l'invite à s'asseoir et à prendre un café. «Quel luxe» se dit Jean-Pierre, impressionné. «La chimie, ça marche bien.»

Peu de temps après, la secrétaire le conduit dans le bureau du PDG … une salle immense, des tableaux modernes aux murs, peu de meubles, mais de la qualité. Derrière le bureau est assis le docteur Clément, un homme élégant d'une cinquantaine d'années.

Il se lève quand Jean-Pierre lui tend la main.

– Merci de me recevoir aussi vite, Monsieur le directeur …

– Mais c'est moi qui suis heureux que la presse régionale s'occupe enfin de nous, Monsieur ...?

– Jean-Pierre Dupin, journaliste à *La Voix de Lyon*.

– Eh bien, Monsieur Dupin, je crois pouvoir vous dire que pour les engrais, Agrichimex est devenu le numéro un national. Même sur le plan mondial ...

Jean-Pierre laisse parler le docteur Clément et prend des notes. Vers la fin de l'interview, il risque sa question:

– Est-ce que vous fabriquez également d'autres produits?

– Des produits de quel type, cher Monsieur Dupin?

– Je ne sais pas, moi. Des produits toxiques par exemple.

Le docteur Clément se met à rire.

– Pourquoi pas des armes chimiques pendant que vous y êtes? Non, cher Dupin, restons sérieux. Et puis nos produits sont sous contrôle de l'Etat. Tout ce que nous voulons, c'est aider nos paysans français et ceux du Tiers-Monde, ajoute-t-il avec un sourire tout sucre tout miel.

– Mais maintenant excusez-moi. Je dois téléphoner à notre filiale d'Abidjan. Faites-moi signe si vous avez encore d'autres questions. Mais pour les détails techniques, adressez-vous à mon chef de laboratoire, le docteur Mayeux.

Quand Jean-Pierre quitte l'usine, il sait qu'on ne lui a pas dit la vérité et que ce n'est pas monsieur Clément qui la lui dira.

Questions

1. Pour quelles raisons Jean-Pierre pense-t-il que «la chimie, ça marche bien»?
2. Est-ce que cette interview a été utile à Jean-Pierre?

8 Un accident?

Il est deux heures du matin. Jean-Pierre a des difficultés à reconnaître son chemin dans la forêt mais il ne veut pas utiliser sa lampe de poche. Quand il arrive au grillage d'Agrichimex, il cherche le trou qu' Idéfix avait fait et il l'agrandit pour pouvoir y passer.

«Voyons maintenant le problème du chien» se dit Jean-Pierre, qui ne sait pas si le berger allemand de l'usine est lâché la nuit.

Heureusement, Hélène a eu la bonne idée d'enregistrer le chat d'une de ses amies. Jean-Pierre sort son magnétophone de son anorak et le met en marche. Deux minutes de chat … et pas de réponse du berger allemand. «Pas bête, ma copine» pense Jean-Pierre. «Allons-y maintenant!»

Bien-sûr, il ne veut pas faire de grand reportage ou même entrer dans les bâtiments de l'usine. Il veut simplement prendre un peu de terre et un peu d'eau pour faire faire des analyses. Mais pour un journaliste, il n'a pas les nerfs très solides. Heureusement, il n'a pas besoin d'aller très loin. Il découvre la grande flaque d'eau à quelques mètres du grillage, là où Idéfix avait bu. Tout à coup, il croit entendre un petit bruit derrière lui. Il se retourne. Non, ce n'était rien. «Restons calme» se dit Jean-Pierre.

Il ouvre la petite bouteille qu'il avait apportée. C'est à ce moment-là qu'il reçoit un grand coup sur la tête et qu'il perd connaissance.

Plus tard – mais combien de temps après? il ne le sait pas – il sent que quelqu'un lui donne des petites gifles.

– Je ne trouve pas ses papiers.

«Encore ce rêve idiot» pense le jeune homme.

– Non, il n'est pas blessé, il a eu de la chance.

Jean-Pierre ouvre lentement les yeux. Il a mal derrière la tête et il a envie de vomir. Il est au volant de sa voiture, qui est tombée dans un fossé. La vitre avant est cassée mais le moteur tourne toujours.

– Attendez, on va vous aider à sortir de là, dit l'un des deux gendarmes qui coupe le moteur.

Jean-Pierre ne comprend pas ce qui lui est arrivé. Il a l'impression d'avoir bu mais il ne se souvient pas d'avoir fait la fête.

– Vous avez eu un accident, mais heureusement pour vous, vous étiez tout seul sur la route. Vous rouliez trop vite et vous avez dérapé dans le virage. Dites, vous n'auriez pas trop bu par hasard? Vous sentez l'alcool.

– Regarde, Gilbert, ce que je viens de trouver, dit l'autre gendarme, qui revient de la voiture, une bouteille de whisky à la main.

– Alors mon vieux, si c'est comme ça, on va te conduire à l'hôpital et le docteur pourra nous dire exactement ce que tu as bu. Tu t'appelles comment?

– Jean-Pierre Dupin … je suis journaliste …

Questions

1. Que fait Jean-Pierre pour savoir si le berger allemand est là ou non?
2. Qu'est-ce que le journaliste vient faire dans l'usine?
3. Imaginez ce qu'on a fait au journaliste pendant qu'il était sans connaissance?

9 Un drôle d'inspecteur

Doucement Hélène réveille son ami. Quand il ouvre les yeux, il a l'impression qu'il y a du brouillard dans cette chambre d'hôpital et il préférerait ne pas parler, mais Hélène veut tout savoir …

– Sur le terrain de l'usine, tu n'as vraiment vu personne? lui demande-t-elle.

– Mais non, chérie, je t'ai déjà dit qu'il faisait une nuit noire et puis …

Le jeune homme s'arrête au milieu de sa phrase car quelqu'un vient de frapper deux coups à la porte de la chambre. La personne entre sans attendre la réponse de Jean-Pierre.

– 'Jour. C'est bien vous le journaliste? demande l'homme peu gentiment. Je suis l'inspecteur Pommard et j'aurais quelques questions à vous poser. 'Jour, Madame.

L'inspecteur referme la porte derrière lui et vient s'asseoir sur une chaise à côté du lit de Jean-Pierre. Le policier a une soixantaine d'années et il porte une moustache grise. Ses vêtements paraissent être aussi vieux que le chapeau noir qui cache ses derniers cheveux.

– Pourquoi nous raconter des histoires? La cause de votre accident est claire pour moi: vous avez trop bu. Ça, c'est sûr. Regardez l'analyse ici. Noir sur blanc.

– Mais non! répond Jean-Pierre d'une voix faible à cause de son mal de tête, on m'a assommé et on m'a fait boire quelque chose. Je ne sais pas moi, je ne me souviens plus de rien.

– Monsieur Dupin, répond calmement l'inspecteur, ça fait plus de 35 ans que je suis dans la police, mais jamais personne ne m'a raconté une histoire comme la vôtre. On a quand-même fait une enquête. Malheureusement pour vous, rien ne peut confirmer ce que vous nous dites. Pas de trou dans le grillage d'Agrichimex, pas de flaque d'eau empoisonnée …

– C'est pas possible, dit Jean-Pierre. Vous avez fait faire des analyses de la terre de l'usine?

– Non, on n'a pas pu prendre de terre pour faire des analyses parce que le patron d'Agrichimex veut faire un jardin pour ses ouvriers juste à cet endroit, et la terre d'origine a été échangée contre du terreau. Le docteur Clément m'a dit que ses ouvriers lui demandaient ce jardin depuis longtemps et qu'il s'était enfin décidé à le faire faire …

L'inspecteur Pommard s'arrête un instant, puis il reprend:

– Vous savez, votre histoire me rappelle un film que j'ai vu l'autre jour à la télé. Je me demande quand même pourquoi vous inventez ça pour un simple accident de voiture …

– Vous ne trouvez pas que vous allez un peu trop loin? proteste Hélène. Et l'analyse du vétérinaire, c'est aussi une histoire inventée peut-être?

– Que voulez-vous, Madame …

– Mademoiselle, corrige Hélène, Mademoiselle Lefèvre. Je suis l'amie de Monsieur Dupin.

– Oh, pardon … que voulez-vous, Mademoiselle, il y a partout des chiens qui meurent, surtout quand ils sont jeunes et qu'ils mangent tout ce qu'ils trouvent … et des produits chimiques dangereux, qui n'en a pas? Tenez, du poison pour les rats, par exemple … Les chiens, je m'y connais … j'en ai deux …

– Et comme je ne raconte que des histoires, continue Jean-Pierre, c'est moi qui me suis donné un coup sur la tête … Regardez un peu, Monsieur l'inspecteur, je me suis bien assommé …

Pommard pose son chapeau sur le lit, puis s'approche de Jean-Pierre pour lui examiner la tête.

– Tiens, tiens, derrière l'oreille gauche … et c'est pas joli …

Question

Pourquoi l'inspecteur pense-t-il que Jean-Pierre ne dit pas la vérité?

10 Hélène s'en mêle

Le soir quand elle quitte l'hôpital où son ami doit encore rester un jour, Hélène est très en colère contre l'inspecteur. Elle trouve que la police fait mal son travail.

– Ce Pommard, il y a vraiment rien à en tirer. Il n'osera jamais rien faire contre une usine aussi puissante qu'Agrichimex. Et puis, il est trop vieux … Mais, moi, je me décourage pas si vite. Ces salauds ont blessé Jean-Pierre, et notre Idéfix, ils l'ont tué. Ils pensent peut-être qu'ils peuvent tout faire avec leur argent. Eh bien, ils se trompent, se dit-elle, furieuse.

Elle décide alors d'aller voir sur place ce qui s'est passé à l'usine. Elle gare sa petite Peugeot près de l'abbaye et, cachée derrière un arbre, elle se met à observer l'usine.

– Ça alors. Je rêve ou quoi?

Surprise, elle voit que tout le terrain derrière l'usine a été transformé: partout de la terre fraîche, des jeunes arbres et même, ici et là, quelques bancs. Pommard avait bien raison, les jardiniers ont dû travailler dur.

Peu à peu la nuit commence à tomber. Hélène sent qu'il va se passer quelque chose. Mais cette fois-ci, il leur faut des preuves. Calmement, elle sort son appareil-photo avec son téléobjectif et continue à attendre. Heureusement, l'usine est bien éclairée et elle va pouvoir faire des photos.

Les heures passent et Hélène doit lutter contre le sommeil et le froid. Tout à coup, vers une heure du matin, Hélène croit entendre quelque chose, comme un bruit de moteur. Une porte s'ouvre et un gros camion sort de l'un des bâtiments. Il est chargé de bidons jaunes.

– C'est bien ce que je pensais … ils commencent à avoir peur, se dit Hélène, qui essaie de faire un maximum de photos du camion, de ce qu'il transporte et des hommes qui sont montés dedans.

– Et si je les suis, j'ai de grandes chances de découvrir où ils cachent la terre polluée.

La jeune fille court alors vers sa voiture, met le moteur en marche et part à toute vitesse.

Quand elle arrive devant l'entrée d'Agrichimex, le camion est juste en train de sortir. Hélène se gare un peu plus loin et le laisse passer. Il ne faut pas que les hommes voient qu'ils sont suivis. Après avoir roulé pendant une demi-heure et traversé plusieurs petits villages, le camion quitte enfin la route nationale 7 et suit un petit chemin de terre pendant un kilomètre. Hélène coupe ses phares, puis cache sa voiture derrière un vieux silo.

Elle se trouve maintenant au milieu d'une usine abandonnée. Sans perdre une minute, Hélène prend son appareil-photo et part à la recherche du camion dans ce labyrinthe de bâtiments en ruines. Elle sait que sa vie serait en danger si les hommes la découvraient maintenant … et personne ne sait qu'elle est ici …

Hélène a vite fait de trouver le camion: il est là, bien éclairé au milieu d'une cour. Plusieurs hommes sont occupés à décharger les bidons jaunes. La jeune fille s'approche le plus possible, se met à genoux et prend une première photo … puis une deuxième …

Malheureusement pour elle, elle n'a pas entendu que quelqu'un s'était approché sans bruit …

La jeune fille n'a même pas le temps de crier … l'inconnu lui tient la bouche fermée …

Questions

1. Qu'est-ce qu'Hélène pense de Pommard et de sa façon de travailler?
2. Pourquoi le docteur Clément a-t-il fait faire toutes ces transformations à votre avis?

11 Le secret des bidons jaunes

– N'ayez pas peur, Mademoiselle, c'est moi, Pommard, lui dit l'inspecteur à voix basse.

– Je crois que nous avons eu la même idée … Venez, on va se mettre un peu plus loin … les types pourraient nous entendre …

L'inspecteur doit aider Hélène à marcher; elle a les jambes en coton et elle est blanche de peur. Elle doit s'asseoir un instant avant de pouvoir parler. Pommard continue:

– Après être sorti de l'hôpital, je suis retourné chez Agrichimex pour leur poser quelques questions … moi aussi j'avais trouvé l'idée du jardin … disons … un peu trop rapide … et puis, il y avait cette blessure derrière l'oreille de votre ami et surtout le chien …

– Pourquoi le chien, demande alors Hélène, un peu remise de ses émotions.

– Eh bien, je me suis demandé pourquoi le berger allemand n'était plus là et pourquoi il n'avait pas aboyé quand votre ami était entré dans l'usine la nuit ... Et en cherchant un peu avant votre arrivée, j'ai trouvé le cadavre du chien dans un de ces bidons jaunes. Les autres bidons étaient fermés ... contiennent certainement la terre polluée par le produit qui a tué votre chien ...

– Ah, parce que maintenant vous pensez que mon ami vous a dit la vérité? Comme ça, tout d'un coup ...

– Je l'ai toujours pensé mais je ne pouvais pas vous le dire, il me fallait des indications plus précises. Il y a déjà longtemps que nous observons Agrichimex. Vous ne pensez quand même pas que la police envoie toujours un inspecteur quand un automobiliste a trop bu ... Et puis votre ami est journaliste et la police ... eh bien ... elle n'aime pas trop les journalistes. Ils sont trop curieux et ils parlent trop ...

– Bon, et alors?

– Alors je suis allé poser des questions aux ouvriers de l'usine ... et pas au patron. Les ouvriers m'ont alors raconté qu'ils avaient trouvé le chien mort un matin. Ils m'ont dit aussi qu'ils avaient dû aider à charger la terre dans les camions et que le docteur Mayeux avait tout surveillé, mais qu'il paraissait être très nerveux ... Il les avait obligés à porter des gants et leur avait promis une demi-journée de vacances comme récompense. Il m'a ensuite été facile de savoir où la terre avait été transportée et je suis venu ici attendre un nouveau chargement.

– Le docteur Mayeux, c'est qui, celui-là?

– C'est le chef de laboratoire d'Agrichimex. Il est ici avec le camion ... mais je pense que c'est le docteur Clément qui tire toutes les ficelles dans cette histoire de trafic d'armes chimiques. Seulement, il va falloir que je trouve des preuves ... et ça, ça va pas être facile-facile ...

Questions

1. A quoi peut-on voir que la terre de l'usine était très polluée?
2. Pour quelle(s) raison(s) est-ce que l'inspecteur Pommard n'a pas arrêté tout de suite le docteur Mayeux?

12 Pas toute la vérité

Dimanche matin; Hélène est réveillée par Jean-Pierre, qui se lève pour aller chercher le journal que la concierge a monté pour lui ce matin. Il revient se mettre au lit et commence à tourner les pages. Tout à coup, il se met à lire un article à haute voix:

Agrichimex accusé de trafic d'armes chimiques

De notre envoyé spécial Jean-Pierre Dupin

La police lyonnaise vient d'arrêter plusieurs employés de l'usine Agrichimex, accusés d'avoir fabriqué et vendu des produits chimiques interdits en France. Ces produits étaient ensuite utilisés dans des armes chimiques extrêmement dangereuses. La police française avait reçu ces informations de la CIA. Le docteur Mayeux, chef de laboratoire à Agrichimex semble avoir organisé seul ce trafic avec quelques ouvriers seulement. Le docteur Clément, PDG d'Agrichimex, très surpris et peiné, déclare ne rien avoir su des activités du docteur Mayeux ... et il espère que ses clients continueront à lui accorder confiance ...

– etc., etc., ... je te fais cadeau du reste.

– Dis-donc, chéri, pourquoi tu ne parles pas de nous dans ton article? A cause du type qui est venu te voir ...?

– Oui, il m'a conseillé de ne parler ni de nous ni de Pommard. Il ne veut pas que les «clients» d'Agrichimex partent à notre chasse … c'est plus prudent comme ça, même si ce n'est pas tout à fait la vérité …

Un bon journaliste est surtout un journaliste vivant, m'a dit mon patron … Il y a quand même ce docteur Clément. Pommard est aussi sûr que nous qu'il était le chef de cette organisation, mais personne n'a de preuves contre lui, et en plus, je pense que des personnes importantes le protègent. Bon, mais c'est une autre histoire. Passons aux choses sérieuses. Tu vas chercher nos croissants?

– Non, mon gros chéri, parce que ta petite Hélène ne trouve pas son portemonnaie et parce que mon gros chéri va se lever et aller chercher des gros croissants pour sa petite Hélène. Et Hélène va prendre sa petite douche …

– Oui, oui, j'ai compris … Bon sang, dix heures déjà … Tu n'as pas vu mon portemonnaie par hasard?

– Si, mon chéri, sous le lit, je crois, mais fais attention à ta tête …

A ce moment-là, quelqu'un sonne à la porte. Jean-Pierre, qui n'aime pas trop les visites le dimanche matin, prend son peignoir et va ouvrir … une petite boule grise lui passe entre les pieds. L'inspecteur regarde Jean-Pierre et Hélène en souriant.

– Pour une surprise, c'est une surprise …, puis il ajoute:

– Ma chienne vient d'avoir des petits et comme c'est des foxterriers, j'ai pensé que ça vous ferait plaisir …

Questions

1. De qui et de quoi Jean-Pierre ne parle-t-il pas dans son article? Expliquez pourquoi.
2. Comparez ce deuxième dimanche à celui du début du livre. Qu'est-ce qui a changé?
3. Que pensez-vous du comportement du docteur Clément?

Vocabulaire

1 Un rêve

4	**un rêve**	Traum
	un portemonnaie	Geldbeutel
	une voix autoritaire	eine herrische Stimme
	secouer qn	jmd schütteln
	un policier	Polizist
	cacher qc/qn	jmd/etwas verstecken
5	**quelque part**	irgendwo
	concernant	betreffend

2 N'oubliez pas le chien

	profiter de qc	etwas ausnützen, etwas nutzen
	un reportage	Reportage
	la jeunesse	Jugend
	la banlieue	Stadtrandgebiet, Vorortgürtel
	lyonnais,e	*hier:* von Lyon
	un(e) photographe	Fotograf(in)
6	**important,e**	wichtig
	Idéfix	fixe Idee/Zwangsvorstellung (Name des Hundes von Asterix und Obelix)
	une grille	*hier:* Tabelle, Schema
	un lieu de travail	Arbeitsstätte
	le domicile	Wohnort

3 Un beau dimanche matin

7	**chéri, e**	Liebling
	idiot,e	dumm
	tu pourrais	Konditional von pouvoir: du könntest
	les pages culturelles	Feuilleton
	une exposition	Ausstellung
	Cézanne, Paul	französischer Maler (1839–1906)
	prochain,e	nächste, -er, -es
	Lyon-Perrache	Name des Bahnhofs von Lyon-Stadtmitte
	ça ne va pas, la tête *(fam)*	du bist wohl nicht ganz gescheit
	impossible	unmöglich
	une blague	Scherz, Witz
	le TGV (= Train à grande vitesse)	Hochgeschwindigkeitszug
8	**la SNCF (= Société nationale des chemins de fer français)**	französische Eisenbahn
	communiquer qc à qn	jmd etwas mitteilen
	la vitesse	Geschwindigkeit
	le trajet	Strecke
	La Part-Dieu	Name des neuen TGV-Bahnhofs von Lyon
	un footing	Waldlauf
	pressé,e	eilig

4 Idéfix l'explorateur

9	**un explorateur**	Entdecker
	observer qn/qc	jmd/etwas beobachten
	en pleine forme	in Hochform
	un mètre	Meter
	un banc	Bank
	un grillage	Zaun
	il voudrait	Konditional von vouloir: er würde gern
10	**dessous**	darunter
	un berger allemand	Schäferhund
	une flaque	Pfütze
	s'échapper	*hier:* entlaufen

5 Une affreuse découverte

	affreux,-se	entsetzlich
	une 205 [døsɑ̃sɛ̃k]	kleiner Peugeot (frz. Automarke)
11	**répéter qc**	etwas wiederholen
	bouger	sich bewegen
12	**examiner**	untersuchen
	en vain	vergeblich, umsonst
	un toutou *(fam)*	Hundchen
	un bras	Arm
	un sanglot	Schluchzen
	empoisonné,e	vergiftet, giftig
	tout à fait	ganz, völlig
	un moyen	Mittel, Weg
	un vétérinaire	Tierarzt

6 Le résultat de l'analyse

13	**la viande hachée**	Hackfleisch
	rappeler qn	jmd zurückrufen
	(être) à l'appareil	am (Telefon) Apparat (sein)
	une dose	Dosis
	un poison	Gift
	extrêmement	äußerst
	chimique	chemisch
	rare	selten
	interdit,e	verboten
	une arme	Waffe
	déprimé,e	niedergeschlagen, bedrückt
14	**la pluie**	Regen
	arrête!	warte! halt!
	Agrichimex	Name einer Firma
	l'agriculture *(f)*	Landwirtschaft

7 Dans l'usine Agrichimex

	interviewer qn [ɛ̃tɛrvjuve]	jdn interviewen
15	**garer qc**	etwas parken
	administratif, -ve	Verwaltungs-
	Mercedes [mɛrsedɛs]	
	Jaguar [ʒagyar]	
	une fleur	Blume
	impressionné,e	beeindruckt
	la chimie	Chemie
	le PDG (= Président-Directeur-Général)	Generaldirektor
	immense	riesig
	un bureau, des bureaux	Büro, Schreibtisch

	d'une cinquantaine d'années	in den Fünfzigern
	tendre qc à qn	jmd etwas reichen
16	**un engrais**	Dünger
	le plan	*hier:* Ebene/ Gebiet
	risquer	riskieren, wagen
	toxique	giftig
	l'Etat *(m)*	der Staat
	le Tiers-Monde	die Dritte Welt
	la vérité	Wahrheit
	utile	nützlich

8 Un accident?

17	**utiliser qc**	etwas benützen
	lâcher qc/qn	*hier:* frei laufen lassen
	enregistrer qc	etwas aufzeichnen, auf Band aufnehmen
	mettre en marche	in Gang setzen
	une analyse	chemische Analyse
	un nerf	Nerv
	perdre connaissance	die Besinnung, das Bewusstsein verlieren
	une gifle	Ohrfeige
	les papiers *(m)*	*hier:* die Papiere (Personalausweis u. ä.)
	blessé,e	verwundet
18	**vomir**	sich übergeben
	un gendarme	Polizist
	par hasard	zufällig
	l'alcool *(m)*	Alkohol
19	**un hôpital**	Krankenhaus

9 Un drôle d'inspecteur

	doucement	behutsam
	car	denn
	frapper à une porte	an eine Tür klopfen
	gentiment	nett, freundlich
	j'aurais	Konditional von avoir: ich hätte
20	**une moustache**	Schnurrbart
	un chapeau	Hut
	une cause	Grund, Ursache
	faible	schwach
	assommer qn	jmd niederschlagen
	confirmer qc	etwas bestätigen
21	**un jardin**	Garten
	un ouvrier, une ouvrière	Arbeiter, Arbeiterin
	un endroit	Ort
	échanger qc contre qc	etwas gegen etwas anderes austauschen
	le terreau	Gartenerde
	un instant	Augenblick
	reprendre	wiederanfangen, fortfahren
	protester	Protest erheben
	partout	überall
	ils meurent	sie sterben (mourir)
	un rat	Ratte
	une oreille	Ohr

10 Hélène s'en mêle

22	**se mêler de qc**	sich in etwas einmischen
	ce Pommard, il y a vraiment rien à en tirer	bei dem Pommard ist Hopfen und Malz verloren
	se décourager	den Mut verlieren

	un salaud	gemeiner Kerl
	furieux,-se	wütend, erbost
	transformer qc	etwas umgestalten, ändern
	un jardinier	Gärtner
	une preuve	Beweis
	le sommeil	Schlaf, Müdigkeit
	un bidon	Fass, Behälter
	dedans	hinein
23	**traverser**	durchqueren
	un phare	Scheinwerfer
	abandonné,e	verlassen
	serait	Konditional von être: wäre
24	**occupé,e à faire qc**	beschäftigt, etwas zu tun
	se mettre à genoux	sich hinknien
	un inconnu	Unbekannter
	une bouche	Mund
	une transformation	Änderung

11 Le secret des bidons jaunes

	un secret	Geheimnis
	ils pourraient	Konditional von pouvoir: sie könnten
	avoir les jambes en coton	weiche Knie haben
	une blessure	Verletzung
25	**se remettre de ses émotions**	sich von seinem Schreck erholen
	un cadavre	Leiche
	contenir	enthalten
	précis,e	genau
	surveiller qc	etwas überwachen
	obliger qn à faire qc	jmd zwingen, etwas zu tun
	un gant	Handschuh
	une récompense	Belohnung
	transporter qc	transportieren
	un chargement	Ladung
	tirer les ficelles	*hier:* der Drahtzieher sein
	le trafic d'armes	Waffenschmuggel, illegaler Waffenhandel

12 Pas toute la verité

26	**à haute voix**	mit lauter Stimme
	un envoyé spécial	Sonderkorrespondent
	accuser qn de qc	jmd einer Sache anklagen
	sembler	scheinen
	peiné,e	betrübt
	accorder confiance à qn	jmd Vertrauen entgegenbringen
	à cause de	wegen
	conseiller à qn de faire qc	jmd raten, etwas zu tun
27	**prudent,e**	(vorsichtig) *hier:* klug
	protéger qn	jmd schützen
	bon sang	Donnerwetter
	par hasard	zufällig
	un peignoir	Bademantel, Morgenmantel
	une chienne	Hündin
	ça ferait	Konditional von faire: es würde … machen
	le comportement	Verhalten

Rhône-Alpes

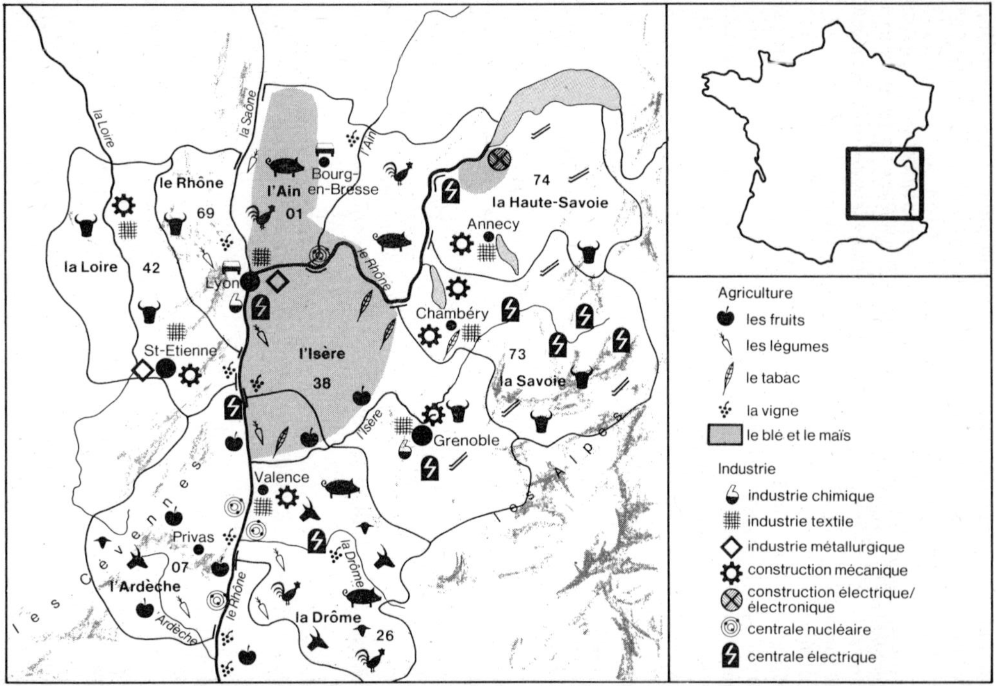
la Loire
la Saône
l'Ain
le Rhône
le Rhône
69
Lyon
la Loire
42
St-Etienne
l'Ain
01
Bourg-en-Bresse
l'Isère
38
l'Isère
74
la Haute-Savoie
Annecy
Chambéry
73
la Savoie
Grenoble
les Alpes
Valence
Privas
07
l'Ardèche
Ardèche
la Drôme
la Drôme
26
les Cévennes
Agriculture
les fruits
les légumes
le tabac
la vigne
le blé et le maïs
Industrie
industrie chimique
industrie textile
industrie métallurgique
construction mécanique
construction électrique/électronique
centrale nucléaire
centrale électrique